URSEL SCHEFFLER

Der Flöwe Murxel

und andere verhexte Geschichten

Illustriert von ILSEGARD REINER

Schneider-Buch

Inhalt:

Die schusselige Hexe Alexa

Der Hexe Alexa passieren die komischsten Dinge. Das liegt einfach daran, daß sie so vergeßlich ist. Sie vergißt Kleinigkeiten, wie zum Beispiel das Kämmen. Die schwarzen Haare, die ihr bis über die

Schultern hängen, sehen aus wie die Wolle von einem aufgetrennten Schi-Pullover.

Aber sie vergißt auch wichtige Dinge. Zaubersprüche zum Beispiel. Das kann oft recht peinlich sein. Manchmal führt das auch zu freudigen Überraschungen. So ist zum Beispiel auch der Flöwe Murxel entstanden. Aber das ist eine Geschichte für sich.

Alexa ist nicht dumm. Im Gegenteil. Ihre Schußligkeit kommt daher, daß ihr immer viel zuviel Gedanken im Kopf herumschwirren. Sie denkt immer schon an die nächste Sache, wenn sie etwas tut, und so gerät manches daneben. Und wenn sie sich manchmal in dem großen Zauberbuch nicht zurechtfindet, dann liegt das daran,

daß ihr nie jemand das Lesen beigebracht hat. Auch mit dem Rechnen nimmt sie es nicht so genau. Sie kann nur bis zehn zählen. Aber dafür kann sie so vergnügt und ausgelassen tanzen, daß ihr weiter Flickenrock wie ein aufgespannter bunter Regenschirm über die Wiese vor dem Hexenhaus wirbelt.

Der Flöwe Murxel

Der Flöwe Murxel ist ein Unglücksfall. Aber sicher ist er der glücklichste Unglücksfall, der einer Hexe je zugestoßen ist, und das kam so:

Die Hexe Alexa fühlte sich in dem windschiefen Haus am

Waldrand ziemlich einsam. Da beschloß sie, sich einen Hausgenossen zu hexen. Eine Katze? Einen Raben? Nein – das hatten schließlich alle Hexen. Es sollte ein außergewöhnliches Tier sein. So klug wie ein Rabe und so anschmiegsam wie eine Katze. Außerdem sollte es mutig sein wie ein Löwe und sie begleiten, wenn sie nachts allein durch den Wald ging. Aber so ein Tier gab es nicht.

Alexa überlegte hin und her. Schließlich entschied sie sich doch für eine Katze. Sie ging bei Vollmond auf die Hexenwiese und konzentrierte sich ganz auf ihren Zauberspruch. Aber mitten im Hexen kamen ihr Bedenken. Konnte eine Katze fliegen? Konnte eine Katze sie vor den Gefahren

des Waldes beschützen? Sie kam ins Stottern und sagte zum Schluß:

„... Hokuspokus, eins, zwei, drei,
ich wünsche, daß es eine
Ka- ein Ra- ein Löwe sei!"

So ist der Flöwe Murxel entstanden. Er sieht wie eine Mischung aus Katze und Löwe aus und kann fliegen wie ein Rabe.

Murxel und die Kichererbsen

Es ist ein trüber Regentag. Der Flöwe Murxel liegt auf dem Sofa und läßt die Ohren hängen.

„Lach doch mal!" sagt Alexa. Aber der Flöwe Murxel lacht nicht. Alexa zieht Grimassen. Sie schlägt ein Rad. Sie macht

einen Kopfstand auf der Tisch-
kante. Sie zaubert bunte Schmetter-
linge aus einem Marmeladenglas.
Sie schmiert sich Ruß auf die
Nase und tanzt wie ein Clown.
Aber der Flöwe Murxel lacht
nicht.

„Es wird doch – verflixt noch
mal – einen Weg geben, wie ich
dich zum Lachen bringen kann!"
knurrt Alexa und sieht in
ihrem großen, bunten
Zauberbuch nach. Sie blättert
und blättert.

Endlich findet sie ein Lachrezept:
„Man lasse viertelstündlich eine
Kichererbse langsam unter der

Zunge zergehen und spreche dabei folgenden Spruch . . ."

„Kichererbsen? Wo hab ich Kichererbsen?" überlegt Alexa.

Und dann fällt ihr die alte Blechdose ein, die seit hundert Jahren hinten im Küchenschrank steht. Rasch läuft sie in die Küche. Sie kramt und kramt. Endlich findet sie die Dose.

Der Flöwe Murxel liegt

2 8057-5

immer noch auf dem Sofa. Er hat den Kopf auf beide Vorderpfoten gelegt und schiebt die Stirn in mißmutige Dackelfalten. Mit zusammengekniffenen Augen beobachtet er Alexa, die mit der Blechdose in die Wohnstube stürmt.

„Sie wird mich nicht zum Lachen bringen. Heute nicht!" denkt er. Aber er hat nicht mit dem Pantoffel gerechnet. Der liegt mitten im Weg, als Alexa hereinfegt. Sie stolpert. Die Dose fällt. Die Erbsen rollen auf dem Boden. Alexa versucht, das Gleichgewicht zu halten. Sie rollt

und gleitet. Sie rudert mit den Armen. Aber schließlich fällt sie doch. Als sie aufstehen will, verheddert sie sich in ihrem weiten Flickenrock. Sie zappelt und schimpft. Das sieht alles so komisch aus, daß Murxel lachen muß, ob er will oder nicht.

Da wird Alexa wütend. „Wirst du gleich aufhören mit deinem blöden Lachen!" brüllt sie und wirft den Pantoffel nach ihm.

„Dir kann man's wirklich nicht recht machen", sagt der Flöwe Murxel prustend. Und wenn er nicht inzwischen aufgehört hat, kichert er heute noch.

Die Lachzwiebel

Einmal bekam die Hexe Alexa entsetzlichen Appetit auf Erdbeerkuchen. Sie ging in ihren kleinen Gemüsegarten, um sich Erdbeeren zu hexen. Aber sie war nicht ganz bei der Sache. Sie mußte beim Hexen an etwas furchtbar Komisches denken. Vergnügt beobachtete sie, wie kleine grüne Pflanzen aus dem Boden wuchsen.

Aber dann wurde ihr Gesicht immer länger. Statt Erdbeerstauden waren es Zwiebelschoten!

„Daß ich mich immer vertun muß!" jammerte sie.
Und der Flöwe Murxel brummte: „Jetzt mußt du eben Zwiebelkuchen backen! Das kommt davon."

„Zwiebelkuchen mag ich eigentlich auch ganz gerne", sagte Alexa und war schon wieder fröhlich. Sie zog die Zwiebeln aus der Erde und trug sie in die

Küche. Aber als sie die Zwiebeln zu schneiden begann, mußte sie auf einmal schrecklich lachen, lachen, lachen ... Sie konnte überhaupt nicht mehr aufhören. Dabei weiß doch jeder, daß man beim Zwiebelschneiden eigentlich weinen muß.

„Da, haha, habe ich doch glatt, hahaha, Lachzwiebeln gehext, hahaha!" lachte die schusselige Hexe, obwohl ihr schon längst nicht mehr zum Lachen zumute war.

Sie hat sich eine heruntergehauen, sie hat sich in den Finger gebissen, sie hat ein ganz

trauriges Gedicht gelesen, aber es nützte nichts. Sie konnte nur lachen, lachen, lachen ...

„Hör endlich auf! Beim Lachen sieht man deine Zahnlücken!"

knurrte der Flöwe Murxel.
Aber selbst da ist der Hexe das Lachen nicht vergangen.
Da hat sie rasch den Gefrierschrank aufgemacht, den Kopf hineingesteckt und hineingelacht.
Da ist ihr Lachen eingefroren.

Jedesmal, wenn die Hexe Alexa traurig ist, holt sie sich ein bißchen davon heraus und läßt es langsam auf der Zunge zergehen . . .

Alexa im Zirkus

Alexa geht mit dem Flöwen Murxel durch die Stadt. Plötzlich bleibt sie wie vom Donner getroffen stehen.

„Sieh dir das an!" sagt sie zu Murxel und deutet auf eine Plakatwand.

„Bist wohl neidisch, wie?" brummt Murxel und sieht sie von unten her an.

„Neidisch? Ach Quatsch. Aber das ist doch fauler Zauber!" knurrt Alexa ärgerlich.

„Sechsunddreißig Kaninchen aus einem Zylinder! Das ist doch

allerhand", meint Murxel bewundernd.

„Dem werd ich's zeigen. Murxel, komm! Wir gehen in den Zirkus!"

Die Vorstellung beginnt. Der Zirkusdirektor verkündet stolz den Auftritt des großen Magiers.

„Dieses Nashorn!" knurrt Alexa und konzentriert sich ganz fest. „Kein einziges Kaninchen wird aus dem Zylinder kommen!"

Alexas Gegenzauber gelingt. Es kommt wirklich kein einziges Kaninchen aus dem Zylinder. Dafür aber sieben kleine Nashörner.

In der Zeitung steht dann,

daß der Zirkuszauberer wirklich der größte Zauberer aller Zeiten ist. Alle Leute wollen jetzt seine Nashorn-Nummer sehen.

Aber die ist ihm leider nie mehr geglückt.

Die Sonnenbrille

„Wir sollten endlich einmal richtig Urlaub machen", sagt die Hexe Alexa zum Flöwen Murxel. „Ich weiß auch schon, wie! Wir fahren ans Meer."

Sie kauft sich einen Badeanzug, Sonnenöl, ein Handtuch und

einen Rettungsring. Dann fahren sie los.

Als sie am Strand sind, sagt Alexa: „Wir wollen uns erst in die Sonne legen, wie die anderen Leute."

„Du hast wohl Angst vor dem Wasser?" erkundigt sich Murxel, der weiß, daß Alexa nicht schwimmen kann.

„Quatschkopf! Ich möchte nur braun werden", behauptet Alexa. Sie legt sich auf ihr Handtuch. Nach einer Weile beginnt es in ihrem Kopf zu flimmern. Die Augen brennen und jucken. Alexa beginnt zu heulen.

„Das kommt daher, weil du keine Sonnenbrille aufhast", sagt Murxel.

„Eine Sonnenbrille?"

„Ja, so wie sie die Frau mit

dem gelben Bikini dort aufhat."

„Da muß ich mir schnell eine hexen!" sagt Alexa und konzentriert sich ganz stark auf die Frau im gelben Bikini.

Der Zauber hilft sofort. Die Sonne sticht nicht mehr. Vor Alexas Augen wird es wohltuend dunkel. Erst, als eine halbnackte Frau kreischend mit dem Handtuch nach ihr schlägt, bemerkt Alexa, daß sie sich aus Versehen das Bikini-Oberteil auf die Augen gehext hat.

Die Riesen-Kartoffel

Alexa ißt für ihr Leben gern Kartoffelpuffer.

Aber sie haßt nichts so sehr wie das Kartoffelschälen!

Sie hat einen Korb mit Kartoffeln aus dem kleinen Gemüsegarten geholt und setzt sich an den Küchentisch. Seufzend sieht sie auf die vielen winzigen Kartoffeln, die sie jetzt schälen soll.

Plötzlich kommt ihr eine prächtige Idee. „Wenn ich anstelle der vielen kleinen Kartoffeln eine große Kartoffel hätte, müßte ich nur eine Kartoffel schälen und bekäme doch die gleiche Menge Kartoffelpufferteig."

Gedacht, getan. Hokuspokus zaubert sich Alexa aus einer winzigen Kartoffel eine Riesen-Kartoffel.

In ihrer Vorfreude hat sie sich dabei allerdings ein wenig vertan.

Die Kartoffel ist so groß, daß Alexa zum Schälen auf einen Stuhl klettern muß. Um der Kartoffel die Augen auszustechen braucht sie sogar die Trittleiter.

Fast drei Stunden dauert es, bis sie mit dem Schälen fertig ist. Alexa ist ganz kaputt vom vielen Herumklettern.

Erschöpft sinkt sie auf den Küchenhocker. Sie hat keinen Appetit mehr auf Kartoffelpuffer!

„Dumme Alexa!" brummt der Flöwe Murxel. „Du hättest die Kartoffel eben erst nach dem Schälen groß zaubern dürfen!"

Die Hexe Alexa und der Flöwe Murxel sind zum ersten Mal in einem richtigen Fußballstadion. Die Menschen drängen sich, denn es findet ein wichtiges Spiel statt.

Ein Mann pfeift und dann rennen alle hinter dem Ball her.

Aufgeregt sieht Alexa zu, wie sich die Spieler dabei anstoßen und abdrängen. Alexa kennt die Fußballregeln nicht. Sie weiß auch nicht genau, wieviel Männer da auf dem Feld herumrennen. Aber eines begreift sie: Alle raufen sich um einen einzigen Ball!

„So ein Unsinn!" sagt sie kopfschüttelnd zu Murxel. „Flieg schnell nach Hause und hol mein Zauberbuch."

Die Männer auf dem Rasen rennen und raufen weiter. Alexa findet das schrecklich. Sie kann Streit nicht ausstehen. Es scheint eine Ewigkeit zu dauern, bis

Murxel zurückkommt.

„Na endlich!" sagt sie und sucht in ihrem Buch. Ausnahmsweise findet sie auch den richtigen Spruch:

Hokuspokus, Mäusegalle,
Bälle wünsch ich mir für alle!"

Plötzlich fliegen lauter Fußbälle auf das Feld.

„Es hat geklappt!" jubelt Alexa.

Aber die Männer scheinen sich kein bißchen zu freuen. Sie hören auf zu spielen. Dann werden alle Bälle eingesammelt. Bis auf einen. Dann fängt die Rennerei und Rauferei wieder von vorne an.

„Blödes Spiel!" knurrt Alexa. „Komm Murxel. Wir gehen! Sollen sie streiten, so lang sie wollen!"

Das Wundermittel

Die Hexe Alexa schlendert durch das Kaufhaus.

Neben der Rolltreppe steht ein Mann. Er preist auf einem kleinen Tischchen seinen „Teppichschnee" an: „Es ist ein wahres Wundermittel! Er zaubert alle

Flecken weg!" behauptet er.

Alexa ärgert sich, wie immer, wenn jemand behauptet, daß er zaubern kann. „Alles gelogen!" schimpft sie.

Aber keiner hört ihr zu.

Alle sehen gespannt zu, wie der Mann auf einem kleinen Teppichstück Tinte und Rotwein ausgießt. Dann schmiert er noch Ruß und Asche drauf.

„Hokuspokus! Schwamm drüber!" ruft er und reibt mit einem gelben Schwamm seinen „Teppichschnee" ein. „Sehen Sie! Alle Flecken sind weggezaubert!"

„Na warte!" brummt Alexa

und zaubert alle Flecken wieder hin.

Der Mann rubbelt und reibt. Er fängt an zu schwitzen. Aber die Flecken gehen nicht weg. Die Leute fangen an zu lachen. Der Mann bekommt einen knallroten Kopf und sagt: „Wir machen eine kleine Pause."

Alexa hat Mitleid mit ihm und zaubert die Flecken wieder weg.

„Da sehen Sie es! Die Flecken sind weg! Man muß das Mittel einfach etwas länger einwirken lassen!" sagt der Mann triumphierend.

Alexa ärgert sich. Der Mann ist unbelehrbar!

Aber dann kichert sie, als sie bemerkt, was sie wirklich angestellt hat. Als der Mann seine Jacke auszieht – anscheinend ist ihm vor Aufregung ordentlich warm geworden –, bemerken es auch die anderen Leute: sein weißes Oberhemd ist voller häßlicher Flecken!

Die Leute können ja nicht ahnen, daß eine schußlige Hexe sie ganz aus Versehen dort hingezaubert hat.

Eine Frau sagt ärgerlich: „So ein Ferkel! Von dem laß ich mir

doch kein Reinigungsmittel andrehen!"

„Tja, zaubern will gelernt sein!" sagt Alexa, und dann geht sie vergnügt nach Hause.

Alexa auf dem Jahrmarkt

Einmal waren Alexa und der Flöwe Murxel auf dem Jahrmarkt. Es war ihnen schon ganz schwindelig vom Karussellfahren, Toboggan-Rutschen, Schiffschaukeln und Autoskootern.

Da kamen sie an dem Stand

mit Sahnebonbons vorbei.

Die dufteten so köstlich, daß Alexa unbedingt welche haben wollte. Leider hatten sie schon das ganze Taschengeld verjubelt. Ohne Geld wollte der Mann keine Sahnebonbons hergeben. Alexa stampfte wütend mit ihrem kleinen Fuß auf den Boden und knurrte: „Dann hex ich mir selber welche!" Schwuppdiwupp! Schon hatte sie eine Tüte selbstgehexter Sahnebonbons in der Hand.

Doch man soll nie in der Wut hexen und nie zu viele Sahnebonbons auf einmal in den

Mund stecken! Die Sahnebonbons waren so zäh und klebrig, daß Alexa den Mund nicht mehr aufkriegte, weil die Zähne zusammenpappten! Sie konnte nicht mehr reden. Sie konnte nicht mehr schimpfen. Sie konnte nicht mehr fluchen. Sie konnte weder essen noch trinken. Und was am schlimmsten war: Sie konnte nicht mehr zaubern!

Wenn sie der Flöwe Murxel nicht schnellstens zu einem Hexen-Zahnarzt gebracht hätte, der sich mit Sahnebonbons auskannte, dann wäre sie sicherlich jämmerlich erstickt. Seitdem kann Alexa Sahnebonbons nicht mehr leiden.

Alexa hat Geburtstag

Alexa feiert jedes Jahr ihren neunten Geburtstag. Da sie nur bis zehn zählen kann, ist das ganz natürlich.

Diesmal hext sie sich eine besonders schöne Geburtstagstorte. Aber als sie davorsitzt, hat sie überhaupt keinen Appetit. Geburtstagstorten schmecken einfach nicht, wenn man sie alleine essen soll.

Wo nur der Flöwe Murxel steckt? denkt Alexa. Und dann hört sie viele Stimmen vor dem Haus. Der Flöwe Murxel ist da und hat eine ganze Menge Geburtstagsgäste mitgebracht!

Alle wollen Alexa gratulieren. Ihr tun schon die Hände vom Schütteln weh, als sie die Geburtstagstorte aufzuschneiden beginnt.

Die Gäste essen mit großem Appetit.

Alexa muß eine neue Torte hexen. Und noch eine. Dazu

Sahne, Kakao, Eis, Limonade und Würstchen mit Senf.

Sie ist den ganzen Nachmittag beschäftigt. Sie hat ganz vergessen, daß sie Geburtstag hat, und

sorgt unentwegt für ihre Gäste.
Am Abend hat sie sich ganz müde gehext.
Erschöpft sinkt sie ins Bett.

„Ich glaube, das hab ich falsch gemacht. Es war zuviel für dich", sagt der Flöwe Murxel.

Aber die Hexe Alexa lächelt und sagt: „Es war ein wunderschöner Geburtstag!"

Der Wildschweinbraten

Die Oberhexe hat sich zum Besuch angesagt.

Alexa und der Flöwe Murxel sind ganz aufgeregt. Sie flitzen den ganzen Tag durch das Haus, um aufzuräumen. Die Oberhexe merkt nämlich genau, ob es sich um richtige Ordnung handelt oder um nur rasch hingehexte Ordnung.

„Die kann mit ihren Mäuseaugen sogar durch Schranktüren sehen!" behauptet Alexa.

„Und was kochen wir?" fragt der Flöwe Murxel.

„Wildschweinbraten! Das ist ihre Leibspeise."

„Und wo ist das Wildschwein?"

„Ich werde es rasch hexen", sagt Alexa. Aber sie hat in der Aufregung den richtigen Wildschwein-Herzauber-Spruch vergessen. Sie gibt sich redlich Mühe. Aber es kommen nur kleine rosa Ferkelchen zustande, die quiekend in der Stube herumlaufen.

„Größer! Größer!" ruft Murxel.

Alexa zaubert ein größeres

Schwein. Aber weil sie dabei an die Warze auf der Nase der Oberhexe denkt, wird ein häßliches Warzenschwein daraus. Schnell hext sie es wieder weg.

„Schöner!" ruft Murxel.

Alexa zaubert ein Marzipanschwein.

„Vielleicht sollten wir eins kaufen?" grübelt Murxel.

„Das ist viel zu teuer. Wir

müssen sparen. Ich versuche es ein letztes Mal!" sagt Alexa. Sie hext ein Sparschwein. „Das wird heute nichts", sagt sie verzweifelt.

„Sei nicht traurig. Ich werde in den Wald gehen und eins für dich jagen", verspricht der Flöwe Murxel.

Hoher Besuch

Die Oberhexe kommt! Man riecht es schon von weitem.

Alexa und der Flöwe Murxel begrüßen sie am Gartentor. Die Oberhexe parkt ihren Flugbesen neben der Regentonne. Dann gehen sie ins Haus. Sie sieht sich genau um. Sie steckt ihre Rübennase neugierig in alle Ecken.

„Schön, sehr schön!" lobt sie

die beiden und stolpert dabei fast über Alexas alten Pantoffel. „Und was gibt es zu futtern?"

„Wildschweinbraten!" sagt Alexa und versteckt den Pantoffel rasch unter ihrer Schürze. „Ich muß ihn nur noch schnell ins Rohr schieben."

„Mit Alexas Zerstreutheit scheint es besser geworden zu sein", sagt die Oberhexe zu Murxel. „Hat sie den Braten selbst gehext?"

„Nein – der ist mir zufällig im Wald begegnet", sagt Murxel ein wenig verlegen. „Den Braten gibt es zum Abendessen. Jetzt gibt es erst selbstgehexten Kuchen."

Die Oberhexe schmatzt und mampft. „Schmeckt höllisch gut, alle Teufel!"

Alexa ist erleichtert, daß es dem hohen Besuch so gut schmeckt. Aber dann schnuppert sie. Es riecht ein wenig verbrannt.

Alexa rennt in die Küche. Sie öffnet das Bratrohr und findet statt dem Wildschweinbraten . . . ihren verkohlten Pantoffel!

Die Schneeballschlacht

Jedesmal, wenn der erste Schnee fällt, wird die Hexe Alexa ganz übermütig. Als sie am Stadtpark vorbeikommt, wo die Kinder im Schnee spielen, hält sie es nicht mehr aus – sie spielt einfach mit.

Plong! – Da hat sie einen

Schneeball mitten auf der Nase.

„Na wartet!" ruft sie. „Ich werd's euch zeigen!"

Sie bückt sich, knetet einen Schneeball zusammen und wirft ihn zurück. Die Antwort bleibt nicht aus. Und weil es ziemlich viele Kinder sind, kommt Alexa ganz schön ins Schwitzen vom vielen Bücken, Ducken und Schneeballrollen.

„Ihr frechen Zwetschgen werdet euch noch wundern!" ruft sie vergnügt und zaubert einen Berg von Schneebällen vor sich an den Straßenrand.

Eins, zwei, drei, vier – nein

hundert Bälle fliegen hinüber. Natürlich zählt Alexa nicht mit.

„Da! Und da! Und da! Und da!" ruft sie und bombardiert die andere Straßenseite.

Aber die Kinder laufen nicht davon.

Sie fangen die Bälle um die Wette.
Sie stopfen sie in die Mützen.

Die komischen Schneebälle schmelzen nicht einmal in den warmen Kinderhänden. Sie schmecken herrlich!

Die schusselige Alexa hat aus Versehen Zwetschgenknödel gehext!

Der Schneemann

An einem Winterabend geht Alexa mit dem Flöwen Murxel spazieren. Der Mond scheint hell. Der Schnee knirscht unter ihren Füßen.

Sie kommen am Spielplatz vorbei.

Die Sandkiste ist voll Schnee. Schaukel, Wippe und Rutschbahn sind leer.

Kein Mensch ist zu sehen. Alle Kinder sind im Bett.

Nur ein kleiner Schneemann steht da.

Er sieht ganz traurig aus.

Alexa tut der Schneemann leid.

„Wir nehmen ihn mit!" sagt sie zum Flöwen Murxel.

Sie zaubert dem Schneemann Beine, und dann nehmen sie ihn mit ins Hexenhaus. Alexa kocht Tee. Aber der Schneemann will nur Eiswasser. Dann möchte er gehen.

„Kommt nicht in Frage!
Draußen ist es so kalt. Wir
lassen dich nicht frieren!" sagt
Alexa bestimmt.
Dann packt sie ihn ins Bett.

Am anderen Morgen, als sie ihn zum Frühstück holen will, ist der Schneemann verschwunden. Unter dem Bett ist eine Pfütze.

„Er ist weg!" sagt Alexa enttäuscht. „Und das Bett hat er auch naß gemacht."

Deckelbild und Illustration: Ilsegard Reiner
Redaktion: Monika Raeithel-Thaler
Bestellnummer: 8057

München – Wien
ISBN 3 505 08057 8